CRISIS ENERGÉTICA

EL FUTURO DE LOS C...

Daniel R. Faust

Traducción al español:
José María Obregón

PowerKiDS press

New York

Published in 2009 by The Rosen Publishing Group, Inc.
29 East 21st Street, New York, NY 10010

First Edition

Editors: Joanne Randolph
Book Design: Greg Tucker
Illustrations: Dheeraj Verma/Edge Entertainment

Library of Congress Cataloging-in-Publication Data

Faust, Daniel R.
  [Energy crisis. Spanish]
  Crisis energética : el futuro de los combustibles fósiles / Daniel R. Faust ; traducción al español, Jose Maria Obregon. – 1st ed.
      p. cm. – (Historietas juveniles. Peligros del medio ambiente)
  Includes index.
  ISBN 978-1-4358-8465-6 (library binding) – ISBN 978-1-4358-8466-3 (paperback)
  ISBN 978-1-4358-8467-0 (6-pack)
  1. Power resources–Environmental aspects–Juvenile literature. I. Obregón, José María, 1963- II. Title.
  TD195.E49F3818 2010
  333.79–dc22
                                        2009004358

Manufactured in the United States of America

CONTENIDO

INTRODUCCIÓN

Casi todo lo que usamos en nuestra vida diaria viene de los combustibles fósiles. Usamos combustibles para calentar e iluminar nuestras casas y para hacer funcionar nuestros automóviles. Además, los usamos para hacer algunos productos muy importantes, como los plásticos y las carreteras.

El problema de los combustibles fósiles es que no son completamente renovables. De hecho, algunos de estos combustibles pueden agotarse en los próximos 75 años. Si esto sucediera, habría una enorme crisis de energía. ¿Estarémos preparados? En este libro descubrirás el futuro de los combustibles fósiles.

CRISIS ENERGÉTICA:
EL FUTURO DE LOS COMBUSTIBLES FÓSILES

EDIFICIO FORRESTAL EN WASHINGTON, D.C.

SEDE DEL DEPARTAMENTO DE ENERGÍA DE ESTADOS UNIDOS.

BUENOS DÍAS DAMAS Y CABALLEROS. GRACIAS POR VENIR A ESTA REUNIÓN.

EN 2002, LAS NACIONES UNIDAS PROMETIÓ BUSCAR FORMAS MÁS **EFICIENTES**, BARATAS Y LIMPIAS DE PRODUCIR ENERGÍA, QUE ADEMÁS FUESEN ACCESIBLES A TODOS LOS PAÍSES DEL PLANETA.

ESTO ES, ASUMIENDO LA NECESIDAD DE ENCONTRAR UNA **ALTERNATIVA** A LOS COMBUSTIBLES FÓSILES ¿CORRECTO?

PROFESOR RUPERT ST. JOHN, DEL DEPARTMENTO DE CIENCIAS DE LA UNIVERSIDAD DE OXFORD.

CREO QUE TODOS ASUMIMOS ESO, SR. MICHAELS.

COMO SABEMOS, LOS COMBUSTIBLES FÓSILES SON UN **RECURSO** LIMITADO.

"LOS COMBUSTIBLES FÓSILES SE FORMAN CUANDO MUEREN PLANTAS Y ANIMALES, COMO LOS DINOSAURIOS . . .

. . . Y SUS RESTOS SE CUBREN DE CAPAS DE AGUA, ARENA Y ROCA Y SE CONVIERTEN EN FÓSILES".

"LA PRESIÓN DE ESTAS CAPAS DE LA TIERRA DURANTE MILLONES DE AÑOS CONVIERTE LAS PLANTAS Y ANIMALES MUERTOS EN COMBUSTIBLES FÓSILES".

SI AGOTAMOS LAS RESERVAS DE COMBUSTIBLES FÓSILES DEL PLANETA Y NO TENEMOS UNA ALTERNATIVA, NUESTRAS VIDAS CAMBIARÁN COMPLETAMENTE.

SR. LINDERMAN, DE LA COMISIÓN REGULADORA DE ENERGÍA DE LOS ESTADOS UNIDOS.

CIERTO. CASI TODO LO QUE USAMOS EN NUESTRA VIDA DIARIA PROVIENE DE LOS COMBUSTIBLES FÓSILES.

"LA ELECTRICIDAD QUE USAMOS PARA QUE FUNCIONE LA LUZ, LAS COMPUTADORAS Y LOS TELEVISORES. LA GASOLINA EN NUESTROS AUTOS . . .

Y HASTA EL GAS QUE USAMOS PARA CALENTAR NUESTROS HOGARES. TODO ESTO VIENE DE COMBUSTIBLES FÓSILES".

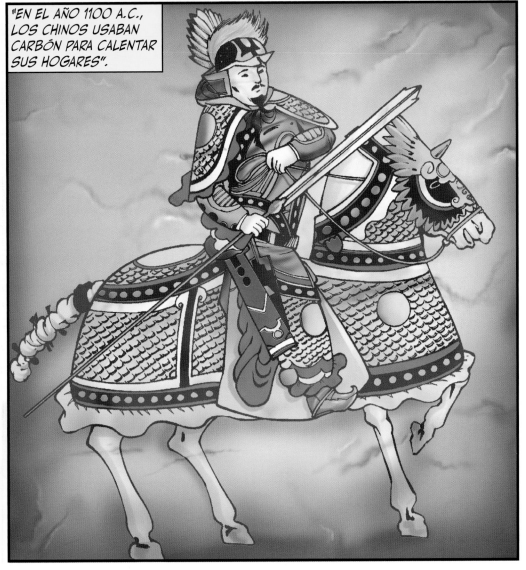

"LOS COMBUSTIBLES FÓSILES PUEDEN EXISTIR EN TRES ESTADOS".

"EL CARBÓN SE ENCUENTRA EN FORMA SÓLIDA".

"UN COMBUSTIBLE FÓSIL ES EL PETRÓLEO. EL PETRÓLEO SE USA PARA HACER GASOLINA Y PLÁSTICOS".

"LOS COMBUSTIBLES FÓSILES EN ESTADO GASEOSO SE CONOCEN COMO GAS NATURAL

"DEBIDO A QUE CREAR COMBUSTIBLES FÓSILES TARDA MILLONES DE AÑOS. UNA VEZ QUE SE UTILIZAN, ES MUY DIFÍCIL REEMPLAZARLOS".

"LOS CIENTÍFICOS CALCULAN QUE LAS RESERVAS DE PETRÓLEO DE LA TIERRA SE AGOTARÁN DENTRO DE 50 Ó 75 AÑOS".

"EL NOVENTA POR CIENTO DE LA ENERGÍA QUE SE UTILIZA EN LOS ESTADOS UNIDOS PROVIENE DE COMBUSTIBLES FÓSILES".

"DE NO ENCONTRAR NUEVAS FUENTES DE ENERGÍA, PODRÍAMOS ENFRENTAR ESCASEZ Y AUMENTOS DE PRECIO SIMILARES A LAS QUE SE VIVIERON EN LOS AÑOS 1970".

ADEMÁS, MUCHOS PAÍSES SE ABASTECEN DE PETRÓLEO DE LOS PAÍSES DEL MEDIO ORIENTE. ESTO LE DA A ESTOS PAÍSES UN GRAN PODER ECONÓMICO Y POLÍTICO".

"ESTO HA CAUSADO MUCHOS CONFLICTOS EN ESTA ZONA".

SR. IMAHARA, DE LA AGENCIA DE PROTECCIÓN AMBIENTAL.

PERO NO DEBEMOS OLVIDAR EL DAÑO QUE LOS COMBUSTIBLES FÓSILES PUEDEN CAUSAR AL MEDIO AMBIENTE.

SR. GIBSON, DE GREENPEACE.

POR SUPUESTO, SR. IMAHARA. ESTAMOS HABLANDO DE **SMOG**, DERRAMES DE PETRÓLEO, LLUVIA ÁCIDA Y CAMBIO CLIMÁTICO.

"AL QUEMARSE, LOS COMBUSTIBLES FÓSILES LIBERAN UN HUMO LLAMADO HOLLÍN".

"EL CARBÓN ES EL COMBUSTIBLE QUE MÁS CONTAMINA".

"LA FAMOSA NIEBLA DE LONDRES FUE CAUSADA POR CIENTOS DE AÑOS DE QUEMAR CARBÓN PARA CALENTAR LAS CASAS DE ESA CIUDAD".

"EL CARBÓN TAMBIÉN PERMITIÓ GRANDES AVANCES EN LA **INDUSTRIA** DURANTE LA **REVOLUCIÓN INDUSTRIAL**, EN LOS AÑOS 1800".

LA COMBUSTIÓN DE MILES DE AUTOMÓVILES, CAMIONES Y OTROS VEHÍCULOS HA CAUSADO NIVELES DE SMOG MUY PELIGROSOS EN MUCHAS CIUDADES, COMO EN LOS ÁNGELES, CA.

"LA CONTAMINACIÓN DEL HUMO DE CARBÓN Y LA COMBUSTIÓN DE LOS AUTOMÓVILES, SE PUEDE MEZCLAR CON LAS NUBES Y CAER COMO LLUVIA ÁCIDA".

"LA CONTAMINACIÓN ATRAPA EL CALOR DENTRO DE LA ATMÓSFERA DE LA TIERRA".

"EL AUMENTO EN LA TEMPERATURA CAMBIA LOS PATRONES DE LA TEMPERATURA MUNDIAL, PROVOCANDO INUNDACIONES Y SEQUÍAS EN TODO EL MUNDO".

* ESTE EFECTO SE LLAMA CAMBIO CLIMÁTICO.

"HOY SABEMOS QUE LA CONTAMINACIÓN DEL AIRE PUEDE AGRAVAR ENFERMEDADES COMO EL ASMA, PROVOCAR BRONQUITIS, DAÑAR A LOS PULMONES Y REDUCIR LA HABILIDAD DEL CUERPO PARA COMBATIR ENFERMEDADES".

DRA. O'BRIEN, DEL DEPARTMENTO DE SALUD DE LOS ESTADOS UNIDOS.

DE HECHO, LA CONTAMINACIÓN DE LOS COMBUSTIBLES FÓSILES MATA A MÁS PERSONAS QUE LOS ACCIDENTES DE AUTOMÓVILES.

SI REDUJÉRAMOS EL NIVEL DE GASES DAÑINOS EN NUEVA YORK, LA CIUDAD DE MÉXICO, SÃO PAULO, BRASIL Y SANTIAGO DE CHILE, PODRÍAMOS SALVAR MÁS DE 60,000 VIDAS HUMANAS EN LOS PRÓXIMOS 20 AÑOS".

"EN EL NORTE DE CALIFORNIA, CIENTOS DE MOLINOS DE VIENTO SE USAN PARA APROVECHAR LA FUERZA DEL VIENTO".

"EL VIENTO OPERA LOS MOLINOS Y ESTOS CREAN ELECTRICIDAD".

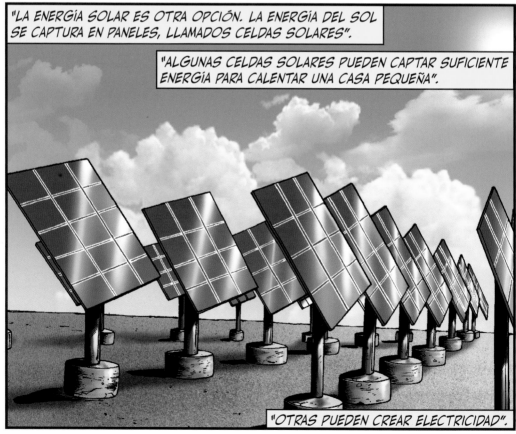

"LA ENERGÍA SOLAR ES OTRA OPCIÓN. LA ENERGÍA DEL SOL SE CAPTURA EN PANELES, LLAMADOS CELDAS SOLARES".

"ALGUNAS CELDAS SOLARES PUEDEN CAPTAR SUFICIENTE ENERGÍA PARA CALENTAR UNA CASA PEQUEÑA".

"OTRAS PUEDEN CREAR ELECTRICIDAD".

EL SR. STARK, DE LA ESCUELA DE INGENIEROS DE LA UNIVERSIDAD DE STANFORD.

LA DEPENDENCIA DE LA GASOLINA POR PARTE DE LOS AUTOMÓVILES SIGUE SIENDO UNA BARRERA QUE DEBEMOS SUPERAR.

MUCHAS COMPAÑIAS ESTÁN TRATANDO DE PRODUCIR VEHÍCULOS MÁS LIMPIOS.

"NUEVOS AUTOMÓVILES QUE USAN **BATERÍAS ELÉCTRICAS** SE ESTÁN FABRICANDO PARA REDUCIR LA CONTAMINACIÓN CAUSADA POR LA COMBUSTIÓN DE LOS AUTOS".

"AUNQUE ESTOS AUTOS SON MÁS LIMPIOS, AÚN NECESITAN DE COMBUSTIBLES FÓSILES PARA GENERAR ELECTRICIDAD".

"LA ENERGÍA SOLAR PUEDE USARSE COMO UNA ALTERNATIVA A LA GASOLINA".

"LOS CIENTÍFICOS EN CALIFORNIA HAN CONSTRUÍDO UN AUTOMÓVIL *PROTOTIPO* QUE FUNCIONA CON ENERGÍA SOLAR".

"CIENTÍFICOS EN TODO EL MUNDO TRATAN DE ENCONTRAR OTRAS SOLUCIONES".

"LOS CIENTÍFICOS EN BRASIL HAN DESCUBIERTO UN COMBUSTIBLE LLAMADO ETANOL".

"EL ETANOL SE HACE DEL MAÍZ Y LA CAÑA DE AZÚCAR.

"ESTE TIPO DE ENERGÍA ES MUY LIMPIA, PERO LOS AUTOS NECESITAN UN MOTOR ESPECIAL PARA USAR EN ETANOL".

DATOS SOBRE LOS COMBUSTIBLES FÓSILES

1. El 90 por ciento de la energía que usamos en los Estados Unidos viene de los combustibles fósiles.

2. Estados Unidos utliliza cerca de 17 millones de barriles de petróleo diarios.

3. El petróleo representa cerca del 40 por ciento de la energía de los Estados Unidos.

4. El 60 por ciento de la energía de los Estados Unidos viene del carbón y representa el 22 por ciento del consumo de energía a nivel mundial.

5. Estados Unidos es uno de los principales exportadores de carbón del mundo. La mayor parte de este carbón se exporta a Europa occidental, Canadá y Japón.

6. El 23 por ciento del consumo de energía de los Estados Unidos proviene del gas natural.

7. Estados Unidos cuenta con el 5 por ciento de la población mundial. Sin embargo, consume el 26 por ciento de la energía mundial.

8. El 63 por ciento de las reservas de petróleo de nuestro planeta se encuentra en el Oriente Medio.

9. Las mayores reservas de gas se encuentran en Rusia, Irán, Qatar, Arabia Saudita, los Emiratos Árabes Unidos y los Estados Unidos.

10. Si los Estados Unidos dependiera de sus reservas de petróleo para cubrir su demada de energía, este se podría agotar en 10 años.

GLOSARIO

activistas (los) Personas que tratan de cambiar algo que está mal en la sociedad.

alternativa Una manera nueva o diferente.

baterías (las) Lugares donde se almacena energía.

eficiente Cuando algo se hace de la mejor manera posible.

hydroeléctrico Tener energía que se crea por agua.

industria (la) Negocios en los que trabajan muchas personas produciendo un producto.

información (la) Datos o conocimiento.

paneles (los) Piezas de material plano y delgado.

periodistas (los/las) Personas que escriben noticias para los periódicos, revistas y páginas de Internet.

políticas (las) Reglas que usan las personas para tomar decisiones.

prototipo (el) El primer modelo en el que se basan diseños posteriores.

recursos naturales (los) Algo que existe en la naturaleza y que puede ser usado, tal y como el oro, el carbón y la lana.

Revolución Industrial (la) Periodo histórico a mediados de los años 1700, cuando se comenzaron a usar máquinas para producir productos en grandes cantidades.

smog (el) La contaminación del aire.

ÍNDICE

PÁGINAS EN INTERNET

Debido a los cambios en los enlaces de Internet, PowerKids Press mantiene una lista de sitios en la red relacionados con el tema de este libro. Esta lista se actualiza regularmente y puede ser consultada en el siguiente enlace:

www.powerkidslinks.com/ged/fosfuel/